ten
4
vier
four
1
eins
one
7
sieben
seven
9
neun
nine

Karlchen Krabbelfix

Bildwörterbuch

Deutsch – Englisch

Inhalt

XENOS

Ich bin Karlchen Krabbelfix
I am Karlchen Krabbelfix

Sprichst du Deutsch? **Do you speak German?**
Nein, ich spreche nicht Deutsch. Es tut mir leid. **No, I don't speak German. I am sorry.**
Die Käferschule ist auf einer großen Sonnenblume. Möchtest du sie sehen? **The beetleschool is on a large sun flower. Do you want to see it?**
Das wäre schön. **That would be nice.**
School
Oh, wie schön! **Oh, how beautiful!**

das Spühlbecken
sink
der Kühlschrank
refrigerator
der Herd
cooker
die Küche
kitchen
die Lampe
lamp
der Stuhl
chair
der Kochtopf
pot
die Pfanne
pan
das Handtuch
towel
die Tür
door
die Seife
soap
die Dusche
shower
der Spiegel
mirror
die badewanne
bath
das Bad
bathroom
die Toilette
toilet
das Waschbecken
washbasin

das Zuhause
home

beim Essen
eating

das Glas
glass
Kann ich bitte die Marmelade haben?
Can I have the jam, please?
dieTasse
cup
der Käse
cheese
Flakes
der Saft
juice
die gabel
fork
der Teller
plate
die Cornflakes
cornflakes
die Tischdecke
tablecloth
der Toast
toast
die Kekse
cookies
der Honig
honey

Karlchen Krabbelfix
die Hundehütte
dog kennel
die Schnauze
snout
der Knochen
bone
der Hund
dog
der Wellensittich
budgerigar
der Welpe
puppy
das Ohr
ear
das Fell
coat
die Schildkröte
tortoise
das Kaninchen
rabbit
das Auge
eye
das Bein
leg
die Feder
feather
die Pfote
paw
das Futter
food
der Futternapf
feeding dish

Karlchens Haustiere
Karlchens pets

in der Käferschule
in the beetleschool

Hallo, Mädchen und Jungs!
Hello, girls and boys!
die Tafel
blackboard
die Uhr
clock
Hello
Hallo
das Wort
word
die Zahl
number
die Kreide
chalk
der Schwamm
sponge
das Regal
shelf
der Lehrer
teacher
der Schreibtisch
desk
das Buch
book
der Schüler
pupil
der Pinsel
brush
die Farben
colours
HALLO
HELLO
der Bleistift
pencil
der Füller
pen
das Radiergummi
rubber
die Federtasche
pencil case

im Schulgarten
in the schoolgarden

der Himmel
sky
die Sonne
sun
der Luftballon
balloon
der Schmetterling
butterfly
der Eimer
bucket
der Misthaufen
dung hill
der Spaten
spade
der Weg
path
der Rasen
lawn
die Schubkarre
wheelbarrow
die Pflanze
plant
der Igel
hedgehog
die Blume
flower
der Regenwurm
earthworm

die Stadt / **town**

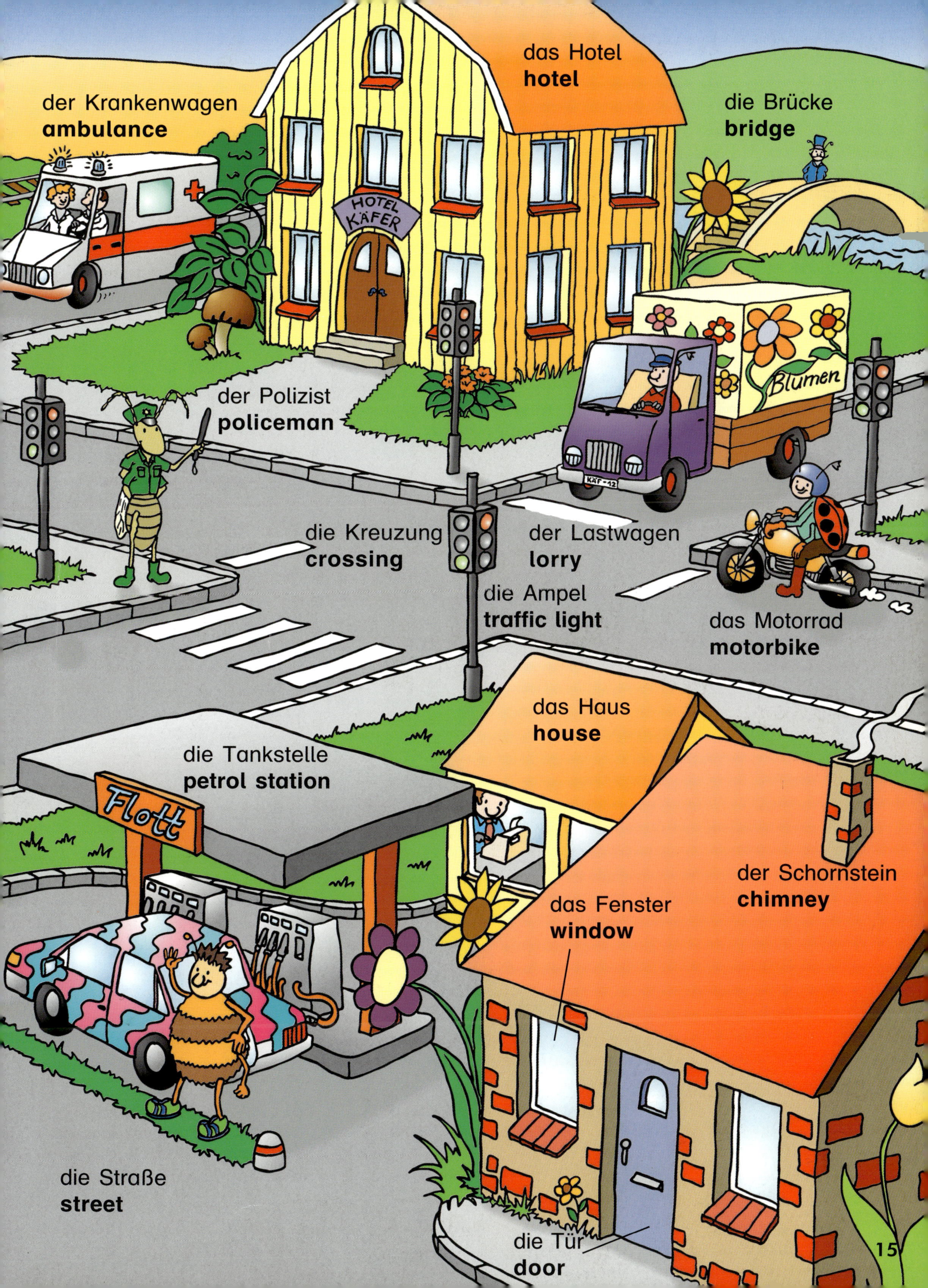
das Hotel
hotel
der Krankenwagen
ambulance
die Brücke
bridge
HOTEL KÄFER
Blumen
der Polizist
policeman
die Kreuzung
crossing
der Lastwagen
lorry
die Ampel
traffic light
das Motorrad
motorbike
das Haus
house
die Tankstelle
petrol station
Flott
der Schornstein
chimney
das Fenster
window
die Straße
street
die Tür
door

auf dem Spielplatz
at the Playground

die Sonne
sun
der Drachen
kite
die Fahne
flag
das Zelt
tent
Roller
scooter
die Rutsche
slide
der Ball
ball
das Mädchen
girl
die Kinderschaufel
spade
der Eimer
bucket
der Vogel
bird
das Bobbycar
Bobby car
die Sandkiste
sandpit

auf dem Markt
at the market

der Schinken
ham
der Käse
cheese
die Wurst
sausage
das Fleisch
meat
das Ei
egg
die Marktbude
booth
die Banane
banana
die Waage
scales
der Verkäufer
seller
die Birne
pear
die Kirsche
cherry
die Pflaume
plum
der Apfel
apple

am Strand
at the beach

das Schiff
ship
die Möwe
seagull
der Leuchturm
lighthouse
das Ruderboot
rowing boat
die Düne
dune
der Sonnenschirm
sunshade
Ich mag Eis sehr gern!
I like ice cream very much!
die Sonnenbrille
sunglasses
der Liegestuhl
deckchair
das Eis
ice cream
die Sonnenmilch
suntan lotion
12
die Badehose
bathing shorts
das Surfbrett
surfboard
der Schwimmreifen
rubber ring

im Zirkus
in the circus

die Akrobatin
acrobat
der Affe
monkey
das Trapez
trapeze
der Reifen
hoop
der Vorhang
curtain
der Clown
clown
die Manege
ring
der Käfig
cage
der Jongleur
juggler
der Tiger
tiger
der Papagei
parrot
der Löwe
lion

auf der Halloweenparty
at the halloweenparty

die Fledermaus
bat
der Mond
moon
die Burg
castle
das Kostüm
fancy dress
der Zauberer
magician
das Zauberbuch
magic book
der Drache
dragon
der Rabe
raven
die Spinne
spider
Wo ist die Hexe? Where is the witch?
das Monster
monster
die Laterne
lantern
die Verkleidung
disguise

die Kleidung
clothing

das Hemd
shirt
die Jacke
jacket
das T-shirt
t-shirt
braun
brown
Gute Nacht!
Good night!
weiß
white
gelb
yellow
der Pullover
pullover
der Regenschirm
umbrella
blau
blue
der Schlafanzug
pyjamas
die Shorts
shorts
die Hose
trousers
der Handschuh
glove
orange
orange

Zeit / Wochentage
time / weekdays

Es ist Viertel nach zehn.
It's a quarter past ten.
vormittags
in the morning
die Uhr
clock
hour
die Stunde
hour
Dienstag
Tuesday
Es ist zwölf Uhr
It's twelve o'clock
der Mittag
noon
Mittwoch
Wednesday
der Nachmittag
afternoon
Es ist halb sechs.
It's half past five.
Es ist zehn Minuten nach drei.
It's ten minutes past three.
Freitag
Friday
Donnerstag
Thursday

Register / **word list**

Abend – **evening** [‘iːvnɪŋ]
Affe – **monkey** [‘mʌŋkɪ]
Akrobatin – **acrobat** [‘ækrəbæt]
Ampel – **traffic light** [‘træfɪk laɪts]
Ananas – **pineapple** [paɪn‘æpl]
Apfel – **apple** [‘æpl]
Auge – **eye** [aɪ]
Auto – **car** [kɑː]
Bad – **bathroom** [bɑːθruːm]
Badeanzug – **bathing suit** [‘beɪðɪŋ suːt]
Badehandtuch – **beach towel** [biːtʃ ‘taʊəl]
Badehose – **bathing shorts** [‘beɪðɪŋ ʃɔːts]
Badewanne – **bath** [bɑːθ]
Bahnhof – **railway station** [‘reilweɪ ‘steɪʃn]
Ball – **ball** [bɔːl]
Banane – **banana** [bə’nɑːnə]
Bank – **bench** [bentʃ]
Baum – **tree** [triː]
Bein – **leg** [leg]
Besen – **broom** [bruːm]
Bett – **bed** [bed]
Bettdecke – **blanket** [‘blæŋkɪt]
Bild – **picture** [‘pɪktʃə]
Birne – **pear** [peə]
blau – **blue** [bluː]
Bleistift – **pencil** [‘pensl]
Blume – **flower** [‘flaʊə]
Blumentopf – **flowerpot** [‘flaʊə pɒt]
Bluse – **blouse** [blaʊz]
Bobbycar – **Bobby car**
braun – **brown** [braʊn]
Brötchen – **rolls** [rəʊls]
Brot – **bread** [bred]
Brücke – **bridge** [brɪdʒ]
Bürgersteig – **pavement** [peɪvmənt]
Buch – **book** [bʊk]
Buchstabe – **letter** [‘letə]
Burg – **castle** [‘kɑːsl]
Bus – **bus** [bʌs]
Bushaltestelle – **bus stop** [bʌs stɒp]
Clown – **clown** [klaʊn]
Cornflakes – **cornflakes** [kɔːnflæks]
Dach – **roof** [ruːf]
Dienstag – **Tuesday** [‘tjuːzdɪ]
Donnerstag – **Thursday** [‘θɜːzdɪ]
Drache – **dragon** [‘drægən]
Drachen – **kite** [kaɪt]
Dreirad – **tricycle** [‘traɪsɪkl]
Düne – **dune** [djuːn]
Dusche – **shower** [‘ʃaʊə]
Ei – **egg** [eg]
Eichhörnchen – **squirrel** [‘skwɪrəl]
Eimer – **bucket** [‘bʌkɪt]
Eis – **ice cream** [aɪskriːm]
Elefant – **elephant** [‘elɪfənt]
Erdbeere – **strawberry** [‘strɔːbərɪ]
Essen – **eating** [‘iːtɪŋ]
Fahne – **flag** [flæg]
Fahrrad – **bicycle** [‘baɪsɪkl]
Farben – **colours** [‘kʌləs]
Feder – **feather** [‘feðə]
Federtasche – **pencil case** [‘pensl keɪs]
Fell – **coat** [kəʊt]
Fenster – **window** [‘wɪndəʊ]
Fernseher – **television** [‘tele,vɪʒn]
Fisch – **fish** [fɪʃ]
Fledermaus – **bat** [bæt]
Fleisch – **meat** [miːt]
Freitag – **Friday** [‘fraɪdɪ]
Frosch – **frog** [frɒg]
Füller – **pen** [pen]
Futter – **food** [fuːd]
Futternapf – **feeding dish** [‘fiːdɪŋ dɪʃ]
Fußball – **football** [fʊtbɔːl]
Fußgänger – **pedestrian** [pɪ’destrɪən]
Gabel – **fork** [fɔːk]
Geist – **ghost** [gəʊst]
gelb – **yellow** [‘jeləʊ]
Geschenk – **present** [‘preznt]
Gießkanne – **watering can** [‘wɔːtərɪŋ kæn]
Glas – **glass** [glɑːs]
Gras – **grass** [grɑːs]
grün – **green** [griːn]
Gummistiefel – **wellies** [‘welɪs]
Gurke – **cucumber** [‘kjuːkʌmbə]
Halloweenparty – **halloweenparty** [ˌhæləʊ’iːn ‘pɑːtɪ]
Hamster – **hamster** [‘hæmstə]
Handschuh – **glove** [glʌv]
Handtuch – **towel** [‘taʊəl]
Haus – **house** [haʊs]
Haustiere – **pets** [pets]
Heft – **exercise book** [‘eksəsaɪz bʊk]
Hemd – **shirt** [ʃɜːt]
Herd – **cooker** [‘kʊkə]
Hexe – **witch** [wɪtʃ]
Himmel – **sky** [skaɪ]
Honig – **honey** [‘hʌnɪ]
Hose – **trousers** [‘traʊzəz]
Hotel – **hotel** [həʊ’tel]
Hund – **dog** [dɒg]
Hundehütte – **dog kennel** [dɒg ‘kenl]
Hut – **hat** [hæt]
Igel – **hedgehog** [‘hedʒhɒg]
Insel – **island** [‘aɪlənd]
Jacke – **jacket** [‘dʒækɪt]
Jongleur – **juggler** [‘dʒʌglə]
Junge – **boy** [bɔɪ]
Käferschule – **beetleschool** [‘biːtlskuːl]
Käfig – **cage** [keɪdʒ]
Käse – **cheese** [tʃiːz]

Kätzchen – **kitty** [ˈkɪtɪ]
Kamin – **fireplace** [ˈfaɪəpleɪs]
Kaninchen – **rabbit** [ˈræbɪt]
Karotte – **carrot** [ˈkærət]
Kartoffel – **potato** [pəˈteɪtəʊ]
Katze – **cat** [kæt]
Kekse – **cookies** [ˈkʊkɪs]
Kerze – **candle** [ˈkændl]
Kindergarten – **nursery** [ˈnɜːsrɪ]
Kinderschaufel – **spade** [speɪd]
Kirche – **church** [tʃɜːtʃ]
Kirsche – **cherry** [ˈtʃerɪ]
Kissen – **pillow** [ˈpɪləʊ]
Kleid – **dress** [dres]
Kleidung – **clothing** [klɒθɪŋ]
Knochen – **bone** [bəʊn]
Kochtopf – **pot** [pɒt]
Kostüm – **fancy dress** [ˈfænsɪ dres]
Krankenwagen – **ambulance** [ˈæmbjʊləns]
Krebs – **crab** [kræb]
Kreide – **chalk** [tʃɔːk]
Kreuzung – **crossing** [ˈkrɒsɪŋ]
Küche – **kitchen** [ˈkɪtʃɪn]
Kühlschrank – **refridgcrator** [rɪˈfrɪdʒəreɪttə]
Kürbis – **pumpkin** [ˈpʌmpkɪn]
Kuchen – **cake** [keɪk]
Lampe – **lamp** [læmp]
Lastwagen – **lorry** [ˈlɒrɪ]
Laterne – **lantern** [ˈlæntən]
Lehrer – **teacher** [tiːtʃə]
Leiter – **ladder** [ˈlædə]
Leuchturm – **lighthouse** [laɪthaʊs]
Liegestuhl – **deckchair** [dektʃeə]
Lineal – **ruler** [ˈruːlə]
Löffel – **spoon** [spuːn]
Löwe – **lion** [ˈlaɪən]
Löwenzahn – **dandelion** [ˈdændɪlaɪən]
Luftballon – **balloon** [bəˈluːn]
Luftmatratze – **air beds** [eə beds]
Mädchen – **girl** [gɜːl]
Manege – **ring** [rɪŋ]
Mantel – **coat** [kəʊt]
Markt – **market** [ˈmɑːkɪt]
Marktbude – **booth** [buːð]
Marmelade – **jam** [dʒæm]
Maus – **mouse** [maʊs]
Meer – **sea** [siː]
Meerschweinchen – **guinea pig** [ˈgɪnɪ pɪg]
Messer – **knife** [naɪf]
Milch – **milk** [mɪlk]
Minute – **minute** [ˈmɪnɪt]
Misthaufen – **dung hill** [dʌŋ hɪl]
Mittag – **noon** [nuːn]
Mittwoch – **Wednesday** [ˈwenzdɪ]
Möwe – **seagull** [siːgʌl]
Mond – **moon** [muːn]
Monster – **monster** [ˈmɒnstə]
Montag – **Monday** [ˈmʌndɪ]
Morgen – **morning** [ˈmɔːnɪŋ]
Motorrad – **motorbike** [ˈməʊtəbaɪk]
Mülleimer – **rubbish bin** [ˈrʌbɪʃ bɪn]
Muschel – **shell** [ʃel]
Musik – **music** [ˈmjuːzɪk]
Musiker – **musician** [mjuːˈzɪʃn]
Nachmittag – **afternoon** [ˈɑːftənuːn]
Nacht – **night** [naɪt]
Ohr – **ear** [ɪə]
Oma – **grandmother** [ˈgrændˌmʌðə]
Opa – **grandfather** [ˈgrændˌfɑːðə]
orange – **orange** [ˈɒrɪndʒ]
Papagei – **parrot** [ˈpærət]
Party – **party** [ˈpɑːtɪ]
Pfanne – **pan** [pæn]
Pflanze – **plant** [plɑːnt]
Pflaume – **plum** [plʌm]
Pfote – **paw** [pɔː]
Pinsel – **brush** [brʌʃ]
Pirat – **pirate** [ˈpaɪərət]
Polizist – **policeman** [pəˈliːsmæn]
Poster – **poster** [ˈpəʊstə]
Publikum – **audience** [ˈɔːdjəns]
Pudel – **poodle** [ˈpuːdl]
Pullover – **pullover** [pʊlˈəʊvə]
Rabe – **raven** [ˈreɪvn]
Radiergummi – **rubber** [ˈrʌbə]
Radio – **radio** [ˈreɪdɪəʊ]
Rasen – **lawn** [lɔːn]
Regal – **shelf** [ʃelf]
Regenschirm – **umbrella** [ʌmˈbrelə]
Regenwurm – **earthworm** [ɜːθwɜːm]
Reifen – **hoop** [huːp]
Rock – **skirt** [skɜːt]
Roller – **scooter** [skuːtə]
rot – **red** [red]
Ruderboot – **rowing boat** [ˈrəʊɪŋbəʊt]
Rutsche – **slide** [slaɪd]
Sack – **sack** [sæk]
Saft – **juice** [dʒuːs]
Salat – **lettuce** [ˈletɪs]
Samstag – **Saturday** [ˈsætədɪ]
Sand – **sand** [sænd]
Sandburg – **sand castle** [sænd ˈkɑːsl]
Sandkiste – **sandpit** [sændpɪt]
Schal – **scarf** [skɑːf]
Schaukel – **swing** [swɪŋ]
Schere – **scissors** [ˈsɪzəz]
Schiff – **ship** [ʃɪp]
Schildkröte – **tortoise** [ˈtɔːtəs]
Schinken – **ham** [hæm]
Schirmmütze – **cap** [kæp]

Register / **word list**

Schlafanzug – **pyjamas** [pə'dʒɑːməz]
Schmetterling – **butterfly** ['bʌtəflaɪ]
Schnauze – **snout** [snaʊt]
Schnorchel – **snorkel** ['snɔːkl]
Schornstein – **chimney** ['tʃɪmnɪ]
Schrank – **cupboard** ['kʌbəd]
Schreibtisch – **desk** [desk]
Schüler – **pupil** ['pjuːpl]
Schülerin – **pupil** ['pjuːpl]
Schubkarre – **wheelbarrow** [wiːl'bærəʊ]
Schuh – **shoe** [ʃuː]
Schulgarten – **schoolgarden** [skuːl 'gɑːdn]
Schultasche – **satchel** ['sætʃəl]
Schuppen – **shed** [ʃed]
Schwamm – **sponge** [spʌndʒ]
schwarz – **black** [blæk]
Schwimmreifen – **rubber ring** ['rʌbə rɪŋ]
Seehund – **seal** [siːl]
Seestern – **starfish** [stɑːfɪʃ]
Segelboot – **sailing boat** ['seɪlɪŋ bəʊt]
Seife – **soap** [səʊp]
Sessel – **armchair** [ɑːmtʃeə]
Shorts – **shorts** [ʃɔːts]
Skelett – **skeleton** ['skelɪtn]
Socke – **sock** [sɒk]
Sofa – **sofa** ['səʊfə]
Sonne – **sun** [sʌn]
Sonnenbrille – **sunglasses** ['sʌnˌglɑːsɪs]
Sonnenmilch – **suntan lotion** ['sʌntæn 'ləʊʃn]
Sonnenschirm – **sunshade** ['sʌnʃeɪd]
Sonntag – **Sunday** ['sʌndɪ]
Spaten – **spade** [speɪd]
Spiegel – **mirror** ['mɪrə]
Spielplatz – **playground** ['pleɪgraʊnd]
Spinne – **spider** ['spaɪdə]
Spühlbecken – **sink** [sɪŋk]
Stadt – **town** [taʊn]
Stern – **star** [stɑː]
Strand – **strand** [strænd]
Strandkorb – **beach chair** [biːtʃ tʃeə]
Straße – **street** [striːt]
Stroh – **straw** [strɔː]
Stuhl – **chair** [tʃeə]
Stunde – **hour** ['aʊə]
Surfbrett – **surfboard** ['sɜːfbɔːd]
T-shirt – **t-shirt** ['tiː ʃɜːt]
Tafel – **blackboard** ['blæk bɔːd]
Tankstelle – **petrol station** ['petrəl 'steɪʃn]
Tasche – **bag** [bæg]
Tasse – **cup** [kʌp]
Taube – **pigeon** ['pɪdʒɪn]
Taucher – **diver** ['daɪvə]
Taucherbrille – **diving goggles** ['daɪvɪŋ 'gɒgls]
Taucherflosse – **flipper** ['flɪpə]
Taxi – **taxi** ['tæksɪ]
Tee – **tea** [tiː]
Teich – **pond** [pɒnd]
Teller – **plate** [pleɪt]
Tiger – **tiger** ['taɪgə]
Tisch – **table** ['teɪbl]
Tischdecke – **tablecloth** ['teɪblklɒθ]
Toast – **toast** [təʊst]
Toilette – **toilet** ['tɔɪlɪt]
Tomate – **tomato** [tə'mɑːtəʊ]
Trapez – **trapeze** [trə'piːz]
Trommel – **drum** [drʌm]
Truhe – **chest** [tʃest]
Tür – **door** [dɔː]
Uhr – **clock** [klɒk]
Umhang – **cape** [keɪp]
Unterwäsche – **underwear** ['ʌndəweə]
Vampir – **vampire** ['væmpaɪə]
Verkäufer – **seller** ['selə]
Verkleidung – **disguise** [dɪs'gaɪz]
Vogel – **bird** [bɜːd]
Vogelscheuche – **scarecrow** ['skeəkrəʊ]
Vorhang – **curtain** ['kɜːtn]
Vormittag – **morning** ['mɔːnɪŋ]
Waage – **scales** [skeɪls]
Waschbecken – **washbasin** ['wɒʃˌbeɪsn]
Wasser – **water** ['wɔːtə]
Weg – **path** [pɑːθ]
weiß – **white** [waɪt]
Welle – **wave** [weɪv]
Wellensittich – **budgerigar** ['bʌdʒərɪgɑː]
Welpe – **puppy** ['pʌpɪ]
Wippe – **seesaw** ['siːsɔ]
Wochentage – **weekdays** ['wiːkdeɪs]
Wohnzimmer – **living room** ['lɪvɪŋ ruːm]
Wolke – **cloud** [klaʊd]
Wort – **word** [wɜːd]
Wurst – **sausage** ['sɒsɪdʒ]
Zahl – **number** ['nʌmbə]
Zauberbuch – **magic book** ['mædʒɪk bʊk]
Zauberer – **magician** [mə'dʒɪʃn]
Zaun – **fence** [fens]
Zeit – **time** [taɪm]
Zelt – **tent** [tent]
Zirkus – **circus** ['sɜːkəs]
Zug – **train** [treɪn]
Zuhause – **home** [həʊm]

ISBN 3-8212-2814-8

Am Hehsel 40, 22339 Hamburg
Text und Konzeption: Ulrike Pohlmann & Axel Dissmann
Illustrationen: Axel Dissmann
Satz: waterkant, Hamburg
Printed in Belgium

Zahlen
numbers